एकमात्र प्रभु अल्लाह का आश्रय लेना आवश्यक है

लेखक
अ़ब्दुल्लाह बिन अ़ब्दुर्रहमान अस्सअ़्द

البرهان
في وجوب اللجوء إلى الواحد الديان

تأليف
عبدالله بن عبد الرحمن السعد

ترجمة
ذاكر حسين وراثة الله

Hindi الهندية
हिंदी

Osoul Center
www.osoulcenter.com

This book has been conceived, prepared and designed by the Osool International Centre. All photos used in the book belong to the Osool Centre. The Centre hereby permits all Sunni Muslims to reprint and publish the book in any method and format on condition that 1) acknowledgement of the Osool Centre is clearly stated on all editions; and 2) no alteration or amendment of the text is introduced without reference to the Osool Centre. In the case of reprinting this book, the Centre strongly recommends maintaining high quality.

  +966 11 445 4900

  +966 11 497 0126

  P.O.BOX 29465 Riyadh 11457

  osoul@rabwah.sa

  www.osoulcenter.com

بسم الله الرحمن الرحيم

शुरू करता हूँ अल्लाह के नाम से जो बड़ा मेहरबान (कृपालु) निहायत रहम करने वाला (दयालु) है

बेशक सारी तारीफ़ें अल्लाह के लिए हैं, हम उसी की तारीफ़ करते और उसी से मदद माँगते हैं। और हम अपने नफ़्सों की अनिष्टों तथा अपने कर्मों की बुराइयों से अल्लाह की पनाह में आते हैं। जिसे वह हिदायत दे उसे कोई गुमराह करने वाला नहीं, और जिसे वह गुमराह कर दे उसे कोई हिदायत देने वाला नहीं।

मैं गवाही देता हूँ कि अल्लाह के सिवा कोई सच्चा माबूद नहीं, वह अकेला है, उसका कोई शरीक नहीं। और यह भी गवाही देता हूँ कि मुहम्मद अल्लाह के बंदे तथा उसके रसूल हैं। आप पर और आपके आल व अस्हाब पर बहुत ज़्यादा दुरूद व सलाम नाज़िल हो।

अम्मा बा'द (तत्पश्चात):

ज़रूरत व मनोरथ पूरा करने, कठिनाई दूर करने, दुःख दर्द तथा ग़म व मुसीबत पर मदद तलब करने, रोग मुक्ति चाहने और औलाद माँगने -जिन पर सिर्फ़ अल्लाह ही क़ादिर व सक्षम है- के बारे में अल्लाह के अ़लावा दूसरों को पुकारने का रवाज लोगों में मुंतशिर और आ़म हो चुका है। इस में कोई शक नहीं कि इस्लाम धर्म में यह हराम और नाजायज़ है, बल्कि यह जाहिली रवाज रीति का एक हिस्सा है, और अल्लाह के साथ शरीक किये जाने को शामिल है।

इसके बातिल तथा हराम होने पर दस तरह की दलीलें हैं:

1

अल्लाह तआ़ला अपने अ़लावा किसी को पुकारने से मना फ़रमाते हुये अपने नबी मुहम्मद ﷺ से फ़रमाया:

﴿ وَلَا تَدۡعُ مِن دُونِ ٱللَّهِ مَا لَا يَنفَعُكَ وَلَا يَضُرُّكَ ۖ فَإِن فَعَلۡتَ فَإِنَّكَ إِذٗا مِّنَ ٱلظَّٰلِمِينَ ﴾

[يونس: ١٠٦]

“और अल्लाह को छोड़ कर ऐसी चीज़ को मत पुकारो, जो न तुम को कोई नफ़ा पहुँचा सके और न ही कोई नुक़सान पहुँचा सके। फिर अगर ऐसा किया तो तुम इस हालत में ज़ालिमों में से हो जाओगे।” {यूनुसः १०६}

और एक दूसरे मक़ाम पर फ़रमाया:

﴿ وَمَنۡ أَضَلُّ مِمَّن يَدۡعُواْ مِن دُونِ ٱللَّهِ مَن لَّا يَسۡتَجِيبُ لَهُۥٓ إِلَىٰ يَوۡمِ ٱلۡقِيَٰمَةِ وَهُمۡ عَن دُعَآئِهِمۡ غَٰفِلُونَ ۝٥ وَإِذَا حُشِرَ ٱلنَّاسُ كَانُواْ لَهُمۡ أَعۡدَآءٗ وَكَانُواْ بِعِبَادَتِهِمۡ كَٰفِرِينَ ﴾

[الأحقاف: ٥، ٦]

“और उस से बढ़ कर गुमराह और कौन होगा जो अल्लाह के सिवा ऐसों को पुकारता है, जो क़ियामत तक उसकी पुकार का जवाब न दे सकें, बल्कि उनके पुकारने से वह बिल्कुल ग़ाफ़िल (बे ख़बर) हों। और जब लोगों को एकट्ठा किया जायेगा तो यह उनके दुशमन हो जायेंगे और उनकी इबादत से साफ़ इंकार कर जायेंगे।” {अल्अह्क़ाफ़ः ५-६}

अल्लाह ने एक दूसरी जगह इरशाद फ़रमायाः

﴿ وَأَنَّ ٱلْمَسَٰجِدَ لِلَّهِ فَلَا تَدْعُوا۟ مَعَ ٱللَّهِ أَحَدًا ﴾ [الجن: ١٨]

"और यह कि मस्जिदें सिर्फ़ अल्लाह ही के लिए ख़ास हैं, पस अल्लाह के साथ किसी और को न पुकारो।" {अल्-जिन्नः १८}

कुरआन मजीद में उक्त विषय संबंधी आयतें बहुत ज़्यादा हैं।

2

अल्लाह तआला ने सब को छोड़ कर सिर्फ़ उसी से माँगने और उसी को पुकारने का हुक्म दिया है। जैसाकि फ़रमायाः

﴿وَقَالَ رَبُّكُمُ ادْعُونِي أَسْتَجِبْ لَكُمْ إِنَّ الَّذِينَ يَسْتَكْبِرُونَ عَنْ عِبَادَتِي
سَيَدْخُلُونَ جَهَنَّمَ دَاخِرِينَ﴾ [غافر: ٦٠]

"और तुम्हारे रब का हुक्म (लागू हो चुका) है कि मुझ से दुआ करो, मैं तुम्हारी दुआवों को क़बूल करूँगा। यक़ीन करो कि जो लोग मेरी इबादत से तकब्बुर करते हैं वे जल्द ही रुस्वा हो कर जहन्नम में पहुँच जायेंगे।" {ग़ाफ़िरः ६०}

और एक दूसरी जगह फ़रमायाः

﴿وَإِذَا سَأَلَكَ عِبَادِي عَنِّي فَإِنِّي قَرِيبٌ أُجِيبُ دَعْوَةَ الدَّاعِ إِذَا دَعَانِ
فَلْيَسْتَجِيبُوا لِي وَلْيُؤْمِنُوا بِي لَعَلَّهُمْ يَرْشُدُونَ﴾ [البقرة: ١٨٦]

"और जब मेरे बंदे मेरे बारे में आप से सवाल करें तो कह दें कि मैं बहुत ही क़रीब हूँ, हर पुकारने वाले की पुकार को जब कभी भी मुझे पुकारे मैं क़बूल करता हूँ, इस लिए लोगों को भी चाहिए कि वह मेरी बात मानें और मुझ पर ईमान रखें, यही उनकी भलाई का कारण (बाइस) है।" {अल्बक़राः १८६}

और एक दूसरे मक़ाम पर यूँ फ़रमायाः

﴿أَمَّنْ يُجِيبُ الْمُضْطَرَّ إِذَا دَعَاهُ وَيَكْشِفُ السُّوءَ وَيَجْعَلُكُمْ خُلَفَاءَ الْأَرْضِ
أَإِلَٰهٌ مَعَ اللَّهِ قَلِيلًا مَا تَذَكَّرُونَ﴾ [النمل: ٦٢]

"बेबस की पुकार को जबकि वह पुकारे कौन क़बूल करके तकलीफ़ को दूर कर देता है, और तुम्हें धरती का ख़लीफ़ा बनाता है? क्या अल्लाह के साथ दूसरा कोई इबादत के लायक़ है? तुम बहुत कम नसीहत हासिल करते हो।" {अन्नमूलः ६२}

अर्थात क्या अल्लाह के साथ कोई और है जो इसके करने पर क़ादिर (सक्षम) है? तो जवाब यह है कि नहीं कोई नहीं है, बल्कि इस विषय में वह अकेला तथा अद्वितीय है।

अल्लाह तआला ने मज़ीद इरशाद फ़रमायाः

﴿ قُلْ أَمَرَ رَبِّي بِٱلْقِسْطِ ۖ وَأَقِيمُوا۟ وُجُوهَكُمْ عِندَ كُلِّ مَسْجِدٍ وَٱدْعُوهُ مُخْلِصِينَ لَهُ ٱلدِّينَ ۚ كَمَا بَدَأَكُمْ تَعُودُونَ ﴾ [الأعراف: ٢٩]

"आप कहिये कि मेरे रब ने मुझे इंसाफ़ का हुक्म दिया है, और हर सज्दा के वक़्त अपने चेहरे को सीधी दिशा में कर लो, और उसके (अल्लाह के) लिए दीन को ख़ालिस करके उसे पुकारो, उस ने जैसे तुम को शुरू में पैदा किया उसी तरह फिर पैदा होगे।" {अल्आ'राफ़ः २६}

नीज़ दूसरी जगह उसका फ़रमान हैः

﴿ هُوَ ٱلْحَىُّ لَآ إِلَٰهَ إِلَّا هُوَ فَٱدْعُوهُ مُخْلِصِينَ لَهُ ٱلدِّينَ ۗ ٱلْحَمْدُ لِلَّهِ رَبِّ ٱلْعَٰلَمِينَ ﴾ [غافر: ٦٥]

"वह ज़िंदा है जिसके सिवाय कोई सच्चा माबूद नहीं, तो तुम इख़लास से उसी की इबादत करते हुये उसे पुकारो, सभी तारीफ़ अल्लाह ही के लिए है जो सारी दुनिया का रब है।" {ग़ाफ़िरः ६५}

एक और मक़ाम पर इरशाद है:

﴿ٱدۡعُواْ رَبَّكُمۡ تَضَرُّعٗا وَخُفۡيَةًۚ إِنَّهُۥ لَا يُحِبُّ ٱلۡمُعۡتَدِينَ ٥٥ وَلَا تُفۡسِدُواْ فِي ٱلۡأَرۡضِ بَعۡدَ إِصۡلَٰحِهَا وَٱدۡعُوهُ خَوۡفٗا وَطَمَعًاۚ إِنَّ رَحۡمَتَ ٱللَّهِ قَرِيبٞ مِّنَ ٱلۡمُحۡسِنِينَ﴾ [الأعراف: ٥٥-٥٦]

“तुम लोग अपने रब से दुआ किया करो गिड़गिड़ा करके भी और चुपके चुपके भी, वह हद से बढ़ने वालों से महब्बत नहीं करता है। और धरती में सुधार के बाद बिगाड़ न पैदा करो, और डर व उम्मीद के साथ उसकी इबादत करो, बेशक अल्लाह की रहमत नेक लोगों से क़रीब है।” {अलआ‘राफ़ः ५५-५६}

अ़ब्दुल्लाह बिन अ़ब्बास रज़ियल्लाहु अ़न्हुमा से रिवायत है, उन्हों ने कहाः मैं एक दिन (सवारी पर) नबी ﷺ के पीछे (बैठा हुआ) था। आप ﷺ ने फ़रमायाः

«يا غُلامُ! إنِّي مُعَلِّمُكَ كَلِماتٍ: احْفَظِ اللهَ يَحْفَظْكَ، احْفَظِ اللهَ تَجِدْهُ تُجاهَكَ، وَإِذَا سَأَلْتَ فاسْأَلِ اللهَ، وَإِذَا اسْتَعَنْتَ فَاسْتَعِنْ بِاللهِ، وَاعْلَمْ أَنَّ الأُمَّةَ لَوِ اجْتَمَعُوا عَلَى أَنْ يَنْفَعُوكَ، لَمْ يَنْفَعُوكَ إِلا بِشَيْءٍ قَدْ كَتَبَهُ اللهُ لَكَ، وَلَوِ اجْتَمَعُوا عَلَى أَنْ يَضُرُّوكَ، لَمْ يَضُرُّوكَ إِلا بِشَيْءٍ قَدْ كَتَبَهُ اللهُ عَلَيْكَ، رُفِعَتِ الأَقْلامُ، وَجَفَّتِ الصُّحُفُ».

“ऐ लड़के! मैं तुझे चंद (अहम) बातें बतलाता हूँ (उन्हें याद रख): तू अल्लाह के (अह्काम) की हिफ़ाज़त कर, अल्लाह तेरी हिफ़ाज़त फ़रमायेगा। तू अल्लाह के (हुकूक़) का ख़्याल रख, तू उसे अपने सामने पायेगा (यानी उसकी हिफ़ाज़त और मदद तेरे साथ रहेगी)। जब तू

सवाल करे तो सिर्फ़ अल्लाह से कर। और जब तू मदद चाहे तो सिर्फ़ अल्लाह से मदद तलब कर। और यह बात जान ले कि अगर सारी उम्मत भी जमा हो कर तुझे कुछ नफ़ा पहुँचाना चाहे, तो वह तुझे इस से ज़्यादा कुछ नफ़ा नहीं पहुँचा सकती जो अल्लाह ने तेरे लिए लिख दिया है। और अगर वह तुझे कुछ नुक़सान पहुँचाने के लिए जमा हो जाये, तो इस से ज़्यादा कुछ नुक़सान नहीं पहुँचा सकती जो अल्लाह ने तेरे लिए लिख दिया है। क़लम उठा लिये गये और सहीफ़े ख़ुश्क हो गये।'' {इसे तिर्मिज़ी ने रिवायत किया है और कहा है: यह हदीस हसन सहीह है}

3

अल्लाह तआ़ला ने अपनी किताब कुरआने अ़ज़ीम में बयान फ़रमाया है कि जो शख़्स उसको छोड़ कर किसी और से माँगे तथा उसे पुकारे, तो वह कुफ्ऱ और शिर्क में वाक़े (पतित) हो जायेगा। जैसाकि उसका फ़रमान है:

﴿ وَمَن يَدْعُ مَعَ ٱللَّهِ إِلَٰهًا ءَاخَرَ لَا بُرْهَٰنَ لَهُۥ بِهِۦ فَإِنَّمَا حِسَابُهُۥ عِندَ رَبِّهِۦٓ ۚ إِنَّهُۥ لَا يُفْلِحُ ٱلْكَٰفِرُونَ ﴾ [المؤمنون: ١١٧]

“और जो शख़्स अल्लाह के साथ किसी दूसरे देवता को पुकारे जिसका उसके पास कोई सुबूत नहीं तो उसका हिसाब उसके रब के ऊपर ही है। बेशक काफ़िर लोग कामयाबी से महरूम हैं।” {अल्मोमिनूनः ११७}

और एक दूसरी जगह इरशाद फ़रमायाः

﴿ وَمَنْ أَضَلُّ مِمَّن يَدْعُوا۟ مِن دُونِ ٱللَّهِ مَن لَّا يَسْتَجِيبُ لَهُۥٓ إِلَىٰ يَوْمِ ٱلْقِيَٰمَةِ وَهُمْ عَن دُعَآئِهِمْ غَٰفِلُونَ ۝٥ وَإِذَا حُشِرَ ٱلنَّاسُ كَانُوا۟ لَهُمْ أَعْدَآءً وَكَانُوا۟ بِعِبَادَتِهِمْ كَٰفِرِينَ ﴾ [الأحقاف: ٥-٦]

“और उस से बढ़ कर गुमराह और कौन होगा जो अल्लाह के सिवा ऐसों को पुकारता है, जो क़ियामत तक उसकी पुकार का जवाब न दे सकें, बल्कि उनके पुकारने से वह बिल्कुल ग़ाफ़िल (बे ख़बर) हों। और जब लोगों को एकट्ठा किया जायेगा तो यह उनके दुशमन हो जायेंगे और उनकी इबादत से साफ़ इंकार कर जायेंगे।” {अल्अह्क़ाफ़ः ५-६}

और एक दूसरे मक़ाम पर फ़रमायाः

﴿قُلْ إِنَّمَآ أَدْعُواْ رَبِّي وَلَآ أُشْرِكُ بِهِۦٓ أَحَدًا﴾ [الجن:٢٠]

“आप कह दीजिये कि मैं तो केवल अपने रब को ही पुकारता हूँ और उसके साथ किसी को साझीदार नहीं बनाता।” {अल्‌जिन्नः २०}

4

अल्लाह तआ़ला ने बयान फ़रमाया कि मख़लूक़ उसके नज़दीक कितने भी बड़े रुत्बे वाला बन जाये, वह सिर्फ़ वही चीज़ें कर सकती है जिस पर अल्लाह ने उसे क़ादिर तथा सक्षम बनाया है। और वे उसी के मुहताज हैं। नीज़ वह सब के सब बशर (मानव) हैं, उन्हें हर वह चीज़ लाहिक़ (आपतित) होती है जो एक बशर को लाहिक़ होती है। पस वह पानाहार करते (खाते पीते) हैं, बीमार होते हैं और मौत का मज़ा चखते हैं। अल्लाह तआ़ला ने फ़रमायाः

﴿يَـٰٓأَيُّهَا ٱلنَّاسُ أَنتُمُ ٱلْفُقَرَآءُ إِلَى ٱللَّهِ ۖ وَٱللَّهُ هُوَ ٱلْغَنِىُّ ٱلْحَمِيدُ﴾ [فاطر: ١٥]

"ऐ लोगो! तुम अल्लाह के भिखारी हो, और अल्लाह ही बेनियाज़ (अमुखापेक्षी) तारीफ़ वाला है।" {फ़ातिरः १५}

और अल्लाह तआ़ला ने मूसा ﷺ के बारे में फ़रमायाः

﴿رَبِّ إِنِّى لِمَآ أَنزَلْتَ إِلَىَّ مِنْ خَيْرٍ فَقِيرٌ﴾ [القصص: ٢٤]

"ऐ पालनहार! तू जो कुछ भलाई मेरी तरफ़ उतारे मैं उसका मुहताज हूँ।" {अल्क़ससः २४}

और अल्लाह तआ़ला ने इब्राहीम ﷺ के संबंध में इरशाद फ़रमायाः

﴿وَإِذَا مَرِضْتُ فَهُوَ يَشْفِينِ﴾ [الشعراء: ٨٠]

"और जब मैं बीमार पड़ जाऊँ तो वही मुझे निरोग (शिफ़ा अ़ता) करता है।" {अश्शुअ़राः ८०}

और अल्लाह तआ़ला ने ईसा तथा उनकी माँ मरयम अ़लैहिमस्सलाम के मुतअ़ल्लिक़ बयान फ़रमाया कि वह दोनों खाना खाते थे, जैसाकि इरशाद है:

﴿مَّا ٱلْمَسِيحُ ٱبْنُ مَرْيَمَ إِلَّا رَسُولٌ قَدْ خَلَتْ مِن قَبْلِهِ ٱلرُّسُلُ وَأُمُّهُۥ صِدِّيقَةٌ ۖ كَانَا يَأْكُلَانِ ٱلطَّعَامَ ۗ ٱنظُرْ كَيْفَ نُبَيِّنُ لَهُمُ ٱلْءَايَٰتِ ثُمَّ ٱنظُرْ أَنَّىٰ يُؤْفَكُونَ﴾ [المائدة: ٧٥]

"मरयम के बेटे मसीह सिर्फ़ पैग़ंबर होने के सिवाय कुछ भी नहीं, उस से पहले भी बहुत से पैग़ंबर हो चुके हैं, उसकी माँ एक पाक और सच्ची औ़रत थी, दोनों (माँ-बेटे) खाना खाया करते थे, आप देखिये कि हम किस तरह दलील उनके सामने पेश करते हैं, फिर ग़ौर कीजिये कि वे किस तरह फिरे जाते हैं।" {अल्माइदाः ७५}

और एक दूसरी जगह इरशाद फ़रमायाः

﴿قُلْ فَمَن يَمْلِكُ مِنَ ٱللَّهِ شَيْـًٔا إِنْ أَرَادَ أَن يُهْلِكَ ٱلْمَسِيحَ ٱبْنَ مَرْيَمَ وَأُمَّهُۥ وَمَن فِى ٱلْأَرْضِ جَمِيعًا﴾ [المائدة: ١٧]

"आप उन से कह दीजिये कि अगर अल्लाह मरयम के बेटे मसीह तथा उनकी माँ और धरती के सब लोगों को हलाक कर देना चाहे तो कौन है जो अल्लाह पर कुछ भी अख़्तियार रखता हो।" {अल्माइदाः १७}

और एक दूसरे मक़ाम पर फ़रमायाः

﴿وَمَآ أَرْسَلْنَا قَبْلَكَ مِنَ ٱلْمُرْسَلِينَ إِلَّآ إِنَّهُمْ لَيَأْكُلُونَ ٱلطَّعَامَ وَيَمْشُونَ فِى ٱلْأَسْوَاقِ ۗ﴾ [الفرقان: ٢٠]

‘‘हम ने आप से पहले जितने रसूल भेजे सब के सब खाना भी खाते थे और बाज़ारों में भी चलते फिरते थे।’’ {अल्फ़ुरक़ानः २०}

और अल्लाह तआ़ला ने अपने प्यारे नबी मुहम्मद ﷺ के संबंध में फ़रमायाः

﴿إِنَّكَ مَيِّتٌ وَإِنَّهُم مَّيِّتُونَ﴾ [الزمر: ٣٠]

‘‘बेशक ख़ुद आपको भी मौत आयेगी और यह सब भी मरने वाले हैं।’’ {अज़्ज़ुमरः ३०}

अल्लाह ने एक दूसरी जगह इरशाद फ़रमायाः

﴿وَلَا تَقُولَنَّ لِشَاْىٰءٍ إِنِّي فَاعِلٌ ذَٰلِكَ غَدًا ﴿٢٣﴾ إِلَّآ أَن يَشَآءَ ٱللَّهُ وَٱذْكُر رَّبَّكَ إِذَا نَسِيتَ وَقُلْ عَسَىٰٓ أَن يَهْدِيَنِ رَبِّي لِأَقْرَبَ مِنْ هَٰذَا رَشَدًا﴾ [الكهف: ٢٣-٢٤]

‘‘और कभी किसी काम पर इस तरह न कहें कि मैं इसे कल करूँगा। लेकिन साथ ही इन शा अल्लाह (यानी अगर अल्लाह ने चाहा तो) कह लें, और जब भी भूलें अपने रब को याद कर लिया करें, और कहते रहें कि मुझे पूरी उम्मीद है कि मेरा रब इस से भी ज़्यादा हिदायत के क़रीब की बात की हिदायत करेगा।’’ {अल्कह्फ़ः २३-२४}

एक और मक़ाम पर अल्लाह तआ़ला ने फ़रमायाः

﴿قُلْ إِنَّمَآ أَنَا۠ بَشَرٌ مِّثْلُكُمْ يُوحَىٰٓ إِلَيَّ أَنَّمَآ إِلَٰهُكُمْ إِلَٰهٌ وَاحِدٌ فَمَن كَانَ يَرْجُوا لِقَآءَ رَبِّهِۦ فَلْيَعْمَلْ عَمَلًا صَٰلِحًا وَلَا يُشْرِكْ بِعِبَادَةِ رَبِّهِۦٓ أَحَدًا﴾ [الكهف: ١١٠]

‘‘आप कह दीजिये कि मैं तो तुम जैसा ही एक इंसान हूँ, (हाँ) मेरी तरफ़ वह्य की जाती है कि सब का माबूद सिर्फ़ एक ही माबूद

है, तो जिसे भी अपने रब से मिलने की उम्मीद हो उसे चाहिये कि नेक काम करे और अपने रब की इबादत में किसी को भी शरीक न करे।'' {अल्कह्फ़: ११०}

बल्कि अल्लाह तआ़ला ने ख़बर दी है कि बाज़ नबीयों को उनकी क़ौम ने क़त्ल कर डाला। जैसाकि उसका फ़रमान है:

﴿أَفَكُلَّمَا جَاءَكُمْ رَسُولٌ بِمَا لَا تَهْوَىٰ أَنفُسُكُمُ اسْتَكْبَرْتُمْ فَفَرِيقًا كَذَّبْتُمْ وَفَرِيقًا تَقْتُلُونَ﴾ [البقرة: ٨٧]

''लेकिन जब कभी तुम्हारे पास रसूल वह चीज़ लाये जो तुम्हारी तबीअ़तों के ख़िलाफ़ थीं, तुम ने फ़ौरन तकब्बुर किया, फिर कुछ को तुम ने झुटला दिया और कुछ को क़त्ल कर दिया।'' {अल्बक़रा: ८७}

चुनाँचि हम जिस नतीजे पर पहुँचते हैं वह यह कि दुआ़ व पुकार और इबादत व उपासना केवल अल्लाह ही के लिए होगी, क्योंकि वही अकेला रब है जो हर चीज़ पर क़ादिर है, मख़लूक़ में से कोई भी तमाम चीज़ों पर क़ादिर नहीं है। जैसाकि अल्लाह तआ़ला ने फ़रमाया:

﴿إِنَّ الَّذِينَ تَدْعُونَ مِن دُونِ اللَّهِ عِبَادٌ أَمْثَالُكُمْ فَادْعُوهُمْ فَلْيَسْتَجِيبُوا لَكُمْ إِن كُنتُمْ صَادِقِينَ﴾ [الأعراف: ١٩٤]

''हक़ीक़त में तुम अल्लाह को छोड़ कर जिनको पुकारते (इबादत करते) हो वह भी तुम ही जैसे बंदे हैं, पस तुम उनको पुकारो, फिर उनको चाहिये कि वे तुम्हारा कहना कर दें अगर तुम सच्चे हो।'' {अल्आ'राफ़: १९४}

और एक दूसरी जगह अल्लाह तआ़ला ने फ़रमायाः

﴿يَـٰٓأَيُّهَا ٱلنَّاسُ ضُرِبَ مَثَلٌ فَٱسْتَمِعُوا۟ لَهُۥٓ ۚ إِنَّ ٱلَّذِينَ تَدْعُونَ مِن دُونِ ٱللَّهِ لَن يَخْلُقُوا۟ ذُبَابًا وَلَوِ ٱجْتَمَعُوا۟ لَهُۥ ۖ وَإِن يَسْلُبْهُمُ ٱلذُّبَابُ شَيْـًٔا لَّا يَسْتَنقِذُوهُ مِنْهُ ۚ ضَعُفَ ٱلطَّالِبُ وَٱلْمَطْلُوبُ﴾ [الحج: ٧٣]

“ऐ लोगो! एक मिसाल दी जा रही है, ज़रा ध्यान से सुनो, अल्लाह के सिवाय तुम जिन जिन को पुकारते रहे हो वे एक मक्खी तो पैदा नहीं कर सकते अगर सारे के सारे जमा हो जायें, बल्कि अगर मक्खी उन से कोई चीज़ ले भागे यह तो उसे भी उस से छीन नहीं सकते। बड़ा कमज़ोर है माँगने वाला और बहुत कमज़ोर है जिस से माँगा जा रहा है।” {अलूहज्जः ७३}

और एक दूसरे मक़ाम पर इरशाद फ़रमायाः

﴿وَٱلَّذِينَ يَقُولُونَ رَبَّنَا ٱصْرِفْ عَنَّا عَذَابَ جَهَنَّمَ ۖ إِنَّ عَذَابَهَا كَانَ غَرَامًا﴾

[الفرقان: ٦٥]

“और जो यह दुआ़ करते हैं कि ऐ हमारे रब! हम से जहन्नम का अ़ज़ाब दूर ही रख क्योंकि उसका अ़ज़ाब चिमट जाने वाला है।” {अलूफ़ुरक़ानः ६५}

5

अल्लाह तआ़ला ने ख़बर दी है कि सारे अम्बिया व पैग़म्बर और उसके नेक बंदे, बल्कि उसके फ़रिश्ते भी अपने तमाम उमूर (विषय) तथा अपने मुख़्तलिफ़ हालात में सिवाय अल्लाह के किसी और को नहीं पुकारते थे। अतः उनकी इक़्तिदा और पैरवी करना हम पर वाजिब है।

पस अल्लाह तआ़ला ने अपने नबी यूनुस عليه السلام के बारे में फ़रमाया जब कि वह मछली के पेट में थेः

﴿وَذَا ٱلنُّونِ إِذ ذَّهَبَ مُغَٰضِبٗا فَظَنَّ أَن لَّن نَّقۡدِرَ عَلَيۡهِ فَنَادَىٰ فِي ٱلظُّلُمَٰتِ أَن
لَّآ إِلَٰهَ إِلَّآ أَنتَ سُبۡحَٰنَكَ إِنِّي كُنتُ مِنَ ٱلظَّٰلِمِينَ﴾ [الأنبياء: ٨٧، ٨٨]

“और मछली वाले (यूनुस عليه السلام) को (याद करो) जब कि वह नाराज़ हो कर चल दिया और समझता था कि हम उसे न पकड़ सकेंगे। आख़िर में उस ने अंधेरों के अंदर से पुकारा कि इलाही! तेरे सिवाय कोई सच्चा माबूद नहीं, तू पाक है, बेशक मैं ही ज़ालिमों में से हूँ।” {अल्अम्बियाः ८७}

और अल्लाह तआ़ला ने अपने नबी ज़करीया عليه السلام के बारे में फ़रमायाः

﴿وَزَكَرِيَّآ إِذۡ نَادَىٰ رَبَّهُۥ رَبِّ لَا تَذَرۡنِي فَرۡدٗا وَأَنتَ خَيۡرُ ٱلۡوَٰرِثِينَ ٨٩
فَٱسۡتَجَبۡنَا لَهُۥ وَوَهَبۡنَا لَهُۥ يَحۡيَىٰ وَأَصۡلَحۡنَا لَهُۥ زَوۡجَهُۥٓۚ إِنَّهُمۡ
كَانُواْ يُسَٰرِعُونَ فِي ٱلۡخَيۡرَٰتِ وَيَدۡعُونَنَا رَغَبٗا وَرَهَبٗاۖ وَكَانُواْ لَنَا
خَٰشِعِينَ﴾ [الأنبياء: ٨٩-٩٠]

“और ज़करीया को (याद करो) जब उस ने अपने रब से दुआ़ की कि ऐ मेरे रब! मुझे अकेला न छोड़, तू सब से अच्छा वारिस है। तो हम ने उसकी दुआ़ क़बूल कर ली और उसे यह्या अता किया, और उनकी पत्नी को उनके लिए सुधार दिया। यह बुज़ुर्ग लोग नेक कामों की तरफ़ जल्दी करते थे, और हमें रग़बत और डर के साथ पुकारते थे, और हमारे सामने आ़जिज़ी (विनम्रता) करने वाले थे।” {अल्‌अम्बियाः ८९-९०}

और अल्लाह तआ़ला ने अपने नबी अय्यूब ﷺ के संबंध में फ़रमाया जिस समय उन्हों ने अपने रब को पुकारते हुये कहाः

﴿ وَأَيُّوبَ إِذْ نَادَىٰ رَبَّهُۥٓ أَنِّي مَسَّنِيَ ٱلضُّرُّ وَأَنتَ أَرْحَمُ ٱلرَّٰحِمِينَ ﴿٨٣﴾ فَٱسْتَجَبْنَا لَهُۥ فَكَشَفْنَا مَا بِهِۦ مِن ضُرٍّ ۖ وَءَاتَيْنَٰهُ أَهْلَهُۥ وَمِثْلَهُم مَّعَهُمْ رَحْمَةً مِّنْ عِندِنَا وَذِكْرَىٰ لِلْعَٰبِدِينَ ﴾ [الأنبياء: ٨٣-٨٤]

“और अय्यूब (की उस हालत को याद करो) जबकि उस ने अपने रब को पुकारा कि मुझे यह रोग लग गया है, और तू सब रहम करने वालों से ज़्यादा रहम करने वाला है। तो हम ने उसकी सुन ली और जो दुख उन्हें था उसे दूर कर दिया, और उसे उसका परिवार अता किया, बल्कि उसे अपनी ख़ास रहमत से उनके साथ वैसे ही और दिये, ताकि इबादत करने वालों के लिए नसीहत का सबब हो।” {अल्‌अम्बियाः ८३-८४}

एक दूसरी जगह अल्लाह ने यूँ फ़रमायाः

﴿ ٱلَّذِينَ يَحْمِلُونَ ٱلْعَرْشَ وَمَنْ حَوْلَهُۥ يُسَبِّحُونَ بِحَمْدِ رَبِّهِمْ وَيُؤْمِنُونَ بِهِۦ وَيَسْتَغْفِرُونَ

لِلَّذِينَ ءَامَنُوا۟ رَبَّنَا وَسِعْتَ كُلَّ شَىْءٍ رَّحْمَةً وَعِلْمًا فَٱغْفِرْ لِلَّذِينَ تَابُوا۟ وَٱتَّبَعُوا۟ سَبِيلَكَ وَقِهِمْ عَذَابَ ٱلْجَحِيمِ ﴿٧﴾ رَبَّنَا وَأَدْخِلْهُمْ جَنَّٰتِ عَدْنٍ ٱلَّتِى وَعَدتَّهُمْ وَمَن صَلَحَ مِنْ ءَابَآئِهِمْ وَأَزْوَٰجِهِمْ وَذُرِّيَّٰتِهِمْ ۚ إِنَّكَ أَنتَ ٱلْعَزِيزُ ٱلْحَكِيمُ ﴾

[غافر: ٧-٨]

"अ़र्श के उठाने वाले और उसके आस-पास के फ़रिश्ते अपने रब की तस्बीह तारीफ़ के साथ-साथ करते हैं और उस पर ईमान रखते हैं, और ईमान वालों के लिए इस्तिग़फ़ार करते हैं, (कहते हैं कि) ऐ हमारे रब! तू ने हर चीज़ को अपनी रहमत और इल्म से घेर रखा है, तो तू उन्हें माफ़ कर दे जो माफ़ी माँगें और रास्ते की पैरवी करें, और तू उन्हें जहन्नम के अ़ज़ाब से बचा ले। ऐ हमारे रब! तू उन्हें हमेशा रहने वाली जन्नतों में ले जा, जिनका तू ने उन से वादा किया है, और उनके बाप दादों, और बीवीयों और औलाद में से (भी) उन सब को जो नेक हैं। बेशक तू ज़बरदस्त और हिक्मत वाला है।" {ग़ाफ़िरः ७-८}

इब्ने अ़ब्बास रज़ियल्लाहु अ़न्हुमा से मर्वी (वर्णित) है, उन्हों ने कहाः बद्र के दिन नबी ﷺ ने यूँ दुआ़ फ़रमाईः

«اللَّهُمَّ إِنِّي أَنْشُدُكَ عَهْدَكَ وَوَعْدَكَ، اللَّهُمَّ إِنْ شِئْتَ لَمْ تُعْبَدْ»

"ऐ अल्लाह! मैं तेरे अ़ह्द व पैमान और वादा का वास्ता देता हूँ, अगर तू चाहे (कि यह काफ़िर ग़ालिब हूँ तो मुसलमानों के ख़त्म हो जाने के बाद) तेरी इबादत न होगी।"

इस पर अबू बक्र رضي الله عنه ने आप ﷺ का हाथ थाम लिया और कहाः

बस कीजिये (ऐ अल्लाह के रसूल!)। उसके बाद आप ﷺ (अपने ख़ीमे से) बाहर तशरीफ़ लाये, तो आपकी ज़ुबाने मुबारक पर यह आयत थी:

﴿ سَيُهْزَمُ ٱلْجَمْعُ وَيُوَلُّونَ ٱلدُّبُرَ ﴾ [القمر: ٤٥]

"जल्द ही कुफ़्फ़ार की जमाअ़त को हार होगी और यह पीठ फेर कर भाग निकलेंगे।" {अल्क़मरः ४५} (सहीह बुख़ारीः ४८५६)

हाफ़िज़ इब्ने हजर अ़स्क़लानी ने कहाः तबरानी में हसन सनद के साथ है, अ़ब्दुल्लाह इब्ने मसऊद ﷺ फ़रमाते हैं कि हम ने कोई ऐसा इलतिजा करने वाला नहीं पाया जो अपनी गुम शुदा चीज़ की इलतिजा कर रहा हो, और वह मुहम्मद ﷺ की इलतिजा से ज़्यादा सख़्त हो जब आप बद्र के दिन अपने रब से इन शब्दों में इलतिजा कर रहे थेः

«اللَّهُمَّ إِنِّي أَنْشُدُكَ مَا وَعَدْتَنِي»

"ऐ अल्लाह! तेरे मुझ से किये गये वादा का वास्ता दे कर मैं तुझ से इलतिजा करता हूँ।" {फ़त्हुल बारीः ७/२२५}

और सुनन नसाई (१०३६७) में है, अ़ब्दुल्लाह इब्ने मसऊद ﷺ फ़रमाते हैं कि बद्र के दिन जब हमारी मुडभेड़ हुई, तो रसूलुल्लाह ﷺ नमाज़ में खड़े हो गये। पस मैं ने आपको देखा कि आप एक हक़दार के अपने हक़ के लिए इलतिजा करने से कहीं ज़्यादा अपने रब से इलतिजा करते हुये कह रहे थेः

«اللَّهُمَّ إِنِّي أَنْشُدُكَ وَعْدَكَ وَعَهْدَكَ، اللَّهُمَّ إِنِّي أَسْأَلُكَ مَا وَعَدْتَنِي، اللَّهُمَّ إِنْ تُهْلِكْ هَذِهِ الْعِصَابَةَ لا تُعْبَدْ فِي الأَرْضِ» ثُمَّ الْتَفَتَ إِلَيْنَا كَأَنَّ شُقَّةَ وَجْهِهِ الْقَمَرُ، فَقَالَ: «هَذِهِ مَصَارِعُ الْقَوْمِ الْعَشِيَّةَ»

“ऐ अल्लाह! मैं तेरे अ़ह्द व पैमान और वादा का वास्ता देता हूँ। ऐ अल्लाह मैं तुझ से वह चीज़ माँगता हूँ जिसका तू ने मुझ से वादा किया है। ऐ अल्लाह! अगर तू इस मुट्ठी भर जमाअ़त को हलाक कर देगा तो धरती पर तेरी इबादत नहीं की जायेगी।” फिर आप ﷺ हमारी तरफ़ मुड़े तो ऐसा लगा गोया आपके चेहरे का टुकड़ा चाँद है। फिर आप ﷺ ने फ़रमायाः “आज ही यह जगह क़ौम (कुरैश) के पछाड़े जाने की जगह होगी।”

और तबरानी (१०२७०) में अ़ब्दुल्लाह इब्ने मसऊ़द رضي الله عنه से मर्वी है, उन्हों ने कहाः

«اللَّهُمَّ إِنِّي أَنْشُدُكَ مَا وَعَدْتَنِي، اللَّهُمَّ إِنَّكَ إِنْ تُهْلِكَ هَذِهِ الْعِصَابَةَ لا تُعْبَدُ» ثُمَّ الْتَفَتَ كَأَنَّ وَجْهَهُ الْقَمَرُ، فَقَالَ: «كَأَنَّمَا أَنْظُرُ إِلَى مَصَارِعِ الْقَوْمِ عَشِيَّةً».

“ऐ अल्लाह! मैं तेरे वादा का वास्ता देता हूँ। ऐ अल्लाह! अगर तू इस मुट्ठी भर जमाअ़त को हलाक कर देगा तो तेरी इबादत नहीं की जायेगी।” फिर आप ﷺ मुड़े तो गोया आपका चेहरा चाँद है। फिर आप ﷺ ने फ़रमायाः “गोया कि मैं आज क़ौम (कुरैश) के पछाड़े जाने की जगह देख रहा हूँ।”

6

पूरी काइनात (विश्व) तथा उस में पाई जाने वाली तमाम चीज़ें अल्लाह ही के लिए हैं, उसी के हाथ में हैं और उसी के ज़ेरे तसर्रुफ़ व तदबीर (उसी के क़ब्ज़े तथा परिचालना के आधीन) हैं। तब तो फिर अल्लाह ही की ज़ात ऐसी है जिसे पुकारा जाना चाहिये, क्योंकि मुल्क उसी का मुल्क है, मख़लूक़ उसी की मख़लूक़ है और हुक्म उसी का हुक्म है। जैसाकि अल्लाह तआ़ला ने फ़रमायाः

﴿الرَّحْمَٰنُ عَلَى الْعَرْشِ اسْتَوَىٰ ۝٥ لَهُ مَا فِي السَّمَاوَاتِ وَمَا فِي الْأَرْضِ وَمَا بَيْنَهُمَا وَمَا تَحْتَ الثَّرَىٰ﴾ [طه: ٥-٦]

"जो रहमान है, अ़र्श पर क़ायम है। जिसकी मिल्कियत आसमानों तथा ज़मीन और इन दोनों के दरमियान और धरती की सतह से नीचे हर चीज़ पर है।" {ताहाः ५-६}

और एक मक़ाम पर अल्लाह तआ़ला ने फ़रमायाः

﴿يَعْلَمُ مَا يَلِجُ فِي الْأَرْضِ وَمَا يَخْرُجُ مِنْهَا وَمَا يَنزِلُ مِنَ السَّمَاءِ وَمَا يَعْرُجُ فِيهَا ۖ وَهُوَ مَعَكُمْ أَيْنَ مَا كُنتُمْ ۚ وَاللَّهُ بِمَا تَعْمَلُونَ بَصِيرٌ﴾ [الحديد: ٤]

"वह जानता है उस चीज़ को जो ज़मीन में जाये, और जो उस से निकले, और जो आसमान से नीचे आये और जो चढ़ कर उस में जाये, और जहाँ कहीं तुम हो वह तुम्हारे साथ है, और जो तुम कर रहे हो अल्लाह देख रहा है।" {फ़ातिरः १४}

नीज़ और एक मक़ाम पर फ़रमायाः

﴿إِن تَدْعُوهُمْ لَا يَسْمَعُوا دُعَاءَكُمْ وَلَوْ سَمِعُوا مَا اسْتَجَابُوا لَكُمْ ۖ وَيَوْمَ الْقِيَامَةِ يَكْفُرُونَ بِشِرْكِكُمْ ۚ وَلَا يُنَبِّئُكَ مِثْلُ خَبِيرٍ﴾ [فاطر: ١٤]

"अगर तुम उन्हें पुकारो तो वे तुम्हारी पुकार सुनते ही नहीं, और अगर (मान लिया कि) सुन भी लें तो फ़रयाद रसी नहीं करेंगे, बल्कि क़ियामत के दिन तुम्हारे इस शिर्क का साफ़ इंकार कर जायेंगे, और आपको कोई भी (अल्लाह तआ़ला) जैसा जानकार ख़बरें न देगा।" {फ़ातिरः १४}

और एक दूसरी जगह अल्लाह तआ़ला ने इरशाद फ़रमायाः

﴿اللَّهُ الصَّمَدُ﴾ [الإخلاص: ٤]

"अल्लाह बेनियाज़ (अमुखापेक्षी) है।" {अलइख़लासः २}

'अस्समद' यानी वह ज़ात जिसके मुहताज सारा विश्व अपनी तमाम ज़रूरतों में हो।

7

अल्लाह तआ़ला ने अपने नबीयों और रसूलों के बारे में बयान फ़रमाया कि उन्हों ने बसा औक़ात अपने बाज़ मसायल में अल्लाह से इलतिजा की, मगर वह क़बूल नहीं की गई और उनका मन्शा पूरा नहीं हुआ। जैसाकि अल्लाह तआ़ला ने अपने नबी मुहम्मद ﷺ के संबंध में फ़रमायाः

﴿إِنَّكَ لَا تَهْدِي مَنْ أَحْبَبْتَ وَلَٰكِنَّ ٱللَّهَ يَهْدِي مَن يَشَآءُ ۚ وَهُوَ أَعْلَمُ بِٱلْمُهْتَدِينَ﴾

[القصص: ٥٦]

''आप जिसे चाहें हिदायत नहीं दे सकते, बल्कि अल्लाह ही जिसे चाहे हिदायत देता है। हिदायत पाये लोगों को वही अच्छी तरह जानता है।'' {अल्क़ससः ५६}

और एक दूसरे मक़ाम पर यूँ फ़रमायाः

﴿ٱسْتَغْفِرْ لَهُمْ أَوْ لَا تَسْتَغْفِرْ لَهُمْ إِن تَسْتَغْفِرْ لَهُمْ سَبْعِينَ مَرَّةً فَلَن يَغْفِرَ ٱللَّهُ لَهُمْ﴾ [التوبة: ٨٠]

''आप इनके लिए इस्तिग़फ़ार (माफ़ी तलब) करें या न करें, अगर आप सत्तर मरतबा भी इनके लिए इस्तिग़फ़ार करें तो भी अल्लाह उन्हें हरगिज़ माफ़ नहीं करेगा।'' {अत्तौबाः ८०}

एक दूसरी जगह अल्लाह तआ़ला ने फ़रमायाः

﴿مَا كَانَ لِلنَّبِيِّ وَٱلَّذِينَ ءَامَنُوٓا۟ أَن يَسْتَغْفِرُوا۟ لِلْمُشْرِكِينَ وَلَوْ كَانُوٓا۟ أُو۟لِى قُرْبَىٰ مِنۢ بَعْدِ مَا تَبَيَّنَ لَهُمْ أَنَّهُمْ أَصْحَٰبُ ٱلْجَحِيمِ﴾ [التوبة: ١١٣]

“नबी और दूसरे मु‘मिनों को इजाज़त नहीं कि मुशरिकीन के लिए माफ़ी की दुआ़ माँगें अगरचे वे रिश्तेदार ही हों, इस बात के वाज़ेह (स्पष्ट) हो जाने के बाद कि यह लोग जहन्नमी हैं।” {अत्तौबाः ११३}

और अल्लाह तआ़ला ने इब्राहीम ﷺ के बारे में इरशाद फ़रमायाः

﴿ وَمَا كَانَ ٱسْتِغْفَارُ إِبْرَٰهِيمَ لِأَبِيهِ إِلَّا عَن مَّوْعِدَةٍ وَعَدَهَآ إِيَّاهُ فَلَمَّا تَبَيَّنَ لَهُۥٓ أَنَّهُۥ عَدُوٌّ لِّلَّهِ تَبَرَّأَ مِنْهُ ۚ إِنَّ إِبْرَٰهِيمَ لَأَوَّٰهٌ حَلِيمٌ ﴾ [التوبة: ١١٤]

“और इब्राहीम का अपने बाप के लिए माफ़ी की दुआ़ करना वह सिर्फ़ वादा के सबब से था जो उन्हों ने उस से कर लिया था, फिर जब उन पर यह बात वाज़ेह हो गई कि वह अल्लाह का दुशमन है, तो वह उस से बरी (बेज़ार) हो गये, हक़ीक़त में इब्राहीम बड़े नरम दिल बुर्दबार (सहन करने वाले) थे।” {अत्तौबाः ११४}

और यह बात विदित (मालूम) है कि अल्लाह तआ़ला ने इस विषय में इब्राहीम ﷺ की दुआ़ क़बूल नहीं फ़रमाई।

और अल्लाह तआ़ला ने नूह ﷺ के बारे में फ़रमायाः

﴿ وَنَادَىٰ نُوحٌ رَّبَّهُۥ فَقَالَ رَبِّ إِنَّ ٱبْنِى مِنْ أَهْلِى وَإِنَّ وَعْدَكَ ٱلْحَقُّ وَأَنتَ أَحْكَمُ ٱلْحَٰكِمِينَ ﴿٤٥﴾ قَالَ يَٰنُوحُ إِنَّهُۥ لَيْسَ مِنْ أَهْلِكَ ۖ إِنَّهُۥ عَمَلٌ غَيْرُ صَٰلِحٍ ۖ فَلَا تَسْـَٔلْنِ مَا لَيْسَ لَكَ بِهِۦ عِلْمٌ ۖ إِنِّىٓ أَعِظُكَ أَن تَكُونَ مِنَ ٱلْجَٰهِلِينَ ﴿٤٦﴾ قَالَ رَبِّ إِنِّىٓ أَعُوذُ بِكَ أَنْ أَسْـَٔلَكَ مَا لَيْسَ لِى بِهِۦ عِلْمٌ ۖ وَإِلَّا تَغْفِرْ لِى وَتَرْحَمْنِىٓ أَكُن مِّنَ ٱلْخَٰسِرِينَ ﴾ [هود: ٤٥-٤٧]

“और नूह ने अपने रब को पुकारा और कहा कि ऐ मेरे रब! मेरा बेटा तो मेरे घर वालों में से है, और बेशक तेरा वादा बिल्कुल

सच्चा है, और तू तमाम हाकिमों से बेहतर हाकिम है। अल्लाह ने कहाः ऐ नूह! बेशक वह तेरे घराने से नहीं है, उसके काम बिल्कुल ही नापसंदीदा है, तुझे हरगिज़ वह चीज़ न माँगनी चाहिये जिसका तुझे तनिक भी इल्म न हो, मैं तुझे नसीहत करता हूँ कि तू जाहिलों में से अपना शुमार कराने से दूर रह। नूह ने कहाः ऐ मेरे रब! मैं तेरी ही पनाह चाहता हूँ इस बात से कि तुझ से वह चीज़ माँगूँ जिसका मुझे इल्म ही न हो, अगर तू मुझे माफ़ नहीं करेगा और तू मुझ पर रहम न करेगा तो मैं घाटा उठाने वालों में हो जाऊँगा।" {हूदः ४५-४७}

तो भला अल्लाह के अ़लावा दूसरों को कैसे पुकारा जा सकता है?!

जंगे उहुद के मन्ज़र (दृश्य) को याद कीजिये कि उस में सहाबये किराम ﷺ रसूलुल्लाह ﷺ की क़ियादत (नेतृत्व) में मुशरिकीन के साथ लड़ाई करते हुये उन पर ग़लबा हासिल करना चाह रहे थे, और इसके लिए हर मुम्किन वसायेल व ज़राये' भी अपनाये (माध्यम अबलंबन किये) थे, लेकिन इसके बावुजूद सफ़लता के अंतिम सीमा (कामयाबी के आख़िरी हद) तक न पहुँच सके। अल्लाह तआ़ला ने इस से मुतअ़ल्लिक़ सूरह आलि इम्रान में बहुत सारी आयतें नाज़िल फ़रमाई, जिन में मुसलमानों के लिए तालीम व तरबियत (शिक्षा तथा दीक्षा) है उस विषय के कारण जो उन पर दर पेश (आपतित) हुआ।

और सिफ़्फ़ीन युद्ध में अ़ली बिन अबी तालिब ﷺ के साथ जो हुआ उस पर भी ग़ौर कीजिये कि उन्हों ने विपक्ष दल (मुख़ालिफ़ जमाअ़त) पर ग़लबा हासिल करने के लिए भर पूर कोशिश की, लेकिन इसके बावुजूद उनका मनशा पूरा नहीं हुआ।

हुसैन ﷺ की हालत पर भी ग़ौर कीजिये कि (मैदाने करबला में) वह और उनके बाज़ घर वाले अपने नफ़्स तथा अपने घर वालों की तरफ़ से दिफ़ा करते हुये लड़ते रहे, मगर न वह ख़ुद अपने आपको बचा सके और न ही उनके घर वालों ने उनको बचा पाया।

अतः कहाँ हैं वह लोग जो अल्लाह को छोड़ कर अ़ली और हुसैन रज़ियल्लाहु अ़न्हुमा को पुकारते हैं, जो न अपने नफ़्सों को बचाने में और न अपने परिवार की हिफ़ाज़त करने में या अल्लाह की क़ज़ा व क़द्र को और उसके साबिक़ फ़ैसले को फेरने में सफल हो सके। और यह अ़क़्ल द्वारा विदित ऐसा विषय है कि कोई भी शख़्स इस से जुदा नहीं हो सकता, और ऐसा प्रत्यक्ष प्रमाण है कि उसका दिफ़ा तथा खंडन करना असंभव है।

बेशक अ़ली और हुसैन रज़ियल्लाहु अ़न्हुमा शिद्दत और कठिनाई की हालतों में अपने रब की पनाह में आते थे और उसी को पुकारते थे। लिहाज़ा उन से महब्बत करने के दावे दारों पर वाजिब है कि वह भी उसी रास्ते पर चलें जिस पर वह चलते थे और उन्ही के तरीक़े की इत्तिबा तथा पैरवी करें।

अफ़सोस कि कुछ लोग मस्जिदे हराम में का'बा के पास होते हुये भी जब खड़े होने का इरादा करते हैं, तो यह कह कर पुकारते हैं: या अ़ली (ऐ अ़ली)। बाज़ उ़लमा ने उनकी यह पुकार सुन कर उन से पूछाः अगर आप किसी के घर में हूँ और उस घर से आपको किसी चीज़ की ज़रूरत पड़े, तो आप उस घर के पड़ोसी के पास जायेंगे या उसी घर वाले से मांगेंगे? उन से इसके अ़लावा कोई भी जवाब न बन

सका मगर यही कहाः मैं उस घर वाले ही से माँगूंगा। तो ग़ौर कीजिये -अल्लाह आप में बरकत दे- कि वह इसका दिफ़ा न कर सका और हक़ को मान लिया। इसी लिए अल्लाह तआ़ला ने फ़रमायाः

﴿ أُولَٰئِكَ الَّذِينَ يَدْعُونَ يَبْتَغُونَ إِلَىٰ رَبِّهِمُ الْوَسِيلَةَ أَيُّهُمْ أَقْرَبُ وَيَرْجُونَ رَحْمَتَهُ وَيَخَافُونَ عَذَابَهُ ۚ إِنَّ عَذَابَ رَبِّكَ كَانَ مَحْذُورًا ﴾ [الإسراء: ٥٧]

"जिन्हें यह लोग पुकारते हैं वे ख़ुद अपने रब की नज़दीकी की तलाश में रहते हैं कि उन में से कौन ज़्यादा क़रीब हो जाये, वे ख़ुद उसकी रहमत की उम्मीद रखते हैं और उसके अ़ज़ाब से डरते हैं, (बात भी यही है कि) तेरे रब का अ़ज़ाब डरने की चीज़ है।" {अलइस्राः ५७}

मिसाल के तौर पर एक और मिसाल -जिसे सब लोग समझते हैं- पेश कर रहा हूँ। मान लें कि अल्लाह ने एक आदमी को मालदार बनाया और उसे बहुत ज़्यादा माल धन से नवाज़ा हो। और वह साहिबे औलाद भी हो। वह हमेशा अपने बच्चों से यह कहेः ऐ मेरे बच्चो! जब भी तुम्हें माल-धन, रूप्ये-पैसे, खाने-पीने और लिबास-पोशाक वग़ैरा की ज़रूरत पड़े तो मुझ से कहना। लेकिन बच्चे अपने वालिद से न माँग कर पड़ोसीयों से माँगने लगे। तो क्या उनका यह फ़े'ल अ़क्ल के मुताबिक़ है या ऐसी बेवक़ूफ़ी है जो अ़क्ल के मुख़ालिफ़ है? यह तो मख़लूक़ से मुतअ़ल्लिक़ बात है, तो फिर अल्लाह -जिसके लिए बहुत ऊँची मिसाल है- को छोड़ कर ग़ैरों से सवाल करना और उनको पुकारना क्योंकर जायज़ हो सकता है?!

अतः बंदा पर वाजिब है कि वह अपनी ज़रूरतों को पूरी करने और परेशानीयों को दूर करने में अपने उस रब और मालिक की तरफ़ रुजू करे जो उसका ख़ालिक़, सैयद, आक़ा और मौला है।

बाज़ लोग ग़ैरुल्लाह को पुकारने के जवाज़ में अम्बिया अ़लैहिमुस्सलाम के मो'जेज़ात से दलील लेते हैं, और मिसाल के तौर पर पेश करते हैं कि मूसा ﷺ पत्थर पर मारते तो उस से पानी का चश्मा फूट जाता। और ईसा ﷺ मुर्दों को ज़िंदा कर देते तथा पैदाइशी अंधे और कोढ़ के बीमार को ठीक कर देते।

उनके इस शुबहे (संशय) के रद में यह चंद बातें मुलाहज़ा फ़रमायें:

- अम्बिया अ़लैहिमुस्सलाम के मो'जिज़ात उनकी अपनी तरफ़ से नहीं बल्कि वह तो अल्लाह तआ़ला की तरफ़ से थे। अल्लाह तआ़ला ने फ़रमाया:

﴿وَرَسُولًا إِلَىٰ بَنِيٓ إِسْرَٰٓءِيلَ أَنِّي قَدْ جِئْتُكُم بِـَٔايَةٍ مِّن رَّبِّكُمْ أَنِّيٓ أَخْلُقُ لَكُم مِّنَ ٱلطِّينِ كَهَيْـَٔةِ ٱلطَّيْرِ فَأَنفُخُ فِيهِ فَيَكُونُ طَيْرًۢا بِإِذْنِ ٱللَّهِ وَأُبْرِئُ ٱلْأَكْمَهَ وَٱلْأَبْرَصَ وَأُحْىِ ٱلْمَوْتَىٰ بِإِذْنِ ٱللَّهِ﴾

[آل عمران: ٤٩].

"और वह बनी इस्राईल की तरफ़ रसूल होगा कि मैं तुम्हारे पास तुम्हारे रब की निशानी लाया हूँ, मैं तुम्हारे लिए परिंदे की शक्ल की तरह मिट्टी का परिंदा बनाता हूँ, फिर उस में फूँक मारता हूँ तो वह अल्लाह के हुक्म से परिंदा बन जाता है, और अल्लाह

के हुक्म से मैं पैदाइशी अंधे को और कोढ़ी को अच्छा कर देता हूँ और मुर्दों को ज़िंदा कर देता हूँ।'' {आलि इम्रानः ४९}

लिहाज़ा बंदे पर वाजिब है कि वह उसी अल्लाह से माँगे जिस ने अम्बिया किराम अ़लैहिमुस्सलाम को इन मो'जिज़ात से नवाज़ा।

- अम्बिया किराम अ़लैहिमुस्सलाम अल्लाह तआ़ला ही से माँगते थे -जैसाकि आयतों में गुज़र चुका है-। लिहाज़ा ऐ इंसान! तेरे लिए ज़रूरी है कि तू उनकी इक़्तिदा और पैरवी (अनुसरण) कर, क्योंकि वे बेहतरीन आदर्श और नमूना हैं।
- ग़ैरुल्लाह से माँगने और उनको पुकारने की हुर्मत (निषिद्धता) के सिलसिले में साबिक़ दलीलें बिल्कुल वाज़ेह हैं, बल्कि उन उमूर (विषयों) में भी जिन में इंसान को क़ुदरत हासिल है उचित तथा बेहतर यह है कि तुम सब से पहले अपने रब से शुरू करो।

अबू जाफ़र मुहम्मद अल्बाक़िर रहिमहुल्लाह से बयान किया जाता है कि उन्हों ने कहाः जिस शख़्स को किसी मख़लूक़ की भी ज़रूरत पेश आये, तो वह अल्लाह तआ़ला ही से शुरू करे।

8

जहाँ अल्लाह तआ़ला ने अपने बंदों को अकेला उसी को पुकारने का हुक्म दिया है और दूसरों को पुकारने से मना फ़रमाया है, वहीं वह अपने बंदों से पसंद फ़रमाता है कि वे सिर्फ़ उसी को पुकारें, उसी से मदद माँगें और अपने तमाम मामले में तथा मुख़्तलिफ़ उमूर (विभिन्न विषयों) में उसी की पनाह में आयें और उसी का सहारा लें। क्योंकि दुआ़ अल्लाह की पसंदीदा इबादत है। चुनांचि जो शख़्स अपने रब को पुकारता है वह ऐसी चीज़ करता है जो उसके नज़दीक पसंदीदा हो और उस तक क़रीब कर देने वाली हो। और इसकी दलील वह अ़ज़ीम हदीसे क़ुदसी है जिस में रसूलुल्लाह ﷺ ने फ़रमायाः

«يَنْزِلُ رَبُّنَا تَبَارَكَ وَتَعَالَى كُلَّ لَيْلَةٍ إِلَى السَّمَاءِ الدُّنْيَا حِينَ يَبْقَى ثُلُثُ اللَّيْلِ الآخِرُ يَقُولُ: مَنْ يَدْعُونِي، فَأَسْتَجِيبَ لَهُ، مَنْ يَسْأَلُنِي فَأُعْطِيَهُ، مَنْ يَسْتَغْفِرُنِي فَأَغْفِرَ لَهُ». [البخاري: ١١٥٢، ومسلم: ٧٥٩]

"हमारा रब तबारक व तआ़ला हर रात जब रात का आख़िरी तीसरा पहर बाक़ी रहता है आसमाने दुनिया पर नाज़िल होता है, और यह फ़रमाता हैः कौन मुझे पुकारे कि मैं उसकी पुकार को क़बूल कर लूँ? कौन मुझ से माँगे कि मैं उसकी झोली भर दूँ? कौन है जो मुझ से माफ़ी माँगे कि मैं उसको माफ़ कर दूँ।" {बुख़ारीः ११५२, मुस्लिमः ७५९}

अल्लाह तआ़ला के इस करम पर ग़ौर कीजिये कि वह हर रात

अपने बंदों को बुलाता है कि वे उस से माँगें और उसको पुकारें, हालाँकि वह उन से बेनियाज़ है।

लिहाज़ा बंदा को चाहिये कि वह रब के इस अज़ीम करम को ग़नीमत समझते हुये उस से बकसरत दुआ़ करे और उस से माँगे। इसके नतीजे में वह अपने दिल में कुशादगी, नफ़्स में राहत व इतमीनान और ईमान में ज़्यादती महसूस करेगा। अल्लाह तआ़ला ने फ़रमायाः

﴿وَسْـَٔلُوا۟ ٱللَّهَ مِن فَضْلِهِۦٓ ۗ إِنَّ ٱللَّهَ كَانَ بِكُلِّ شَىْءٍ عَلِيمًا﴾ [النساء: ٣٢]

"और अल्लाह से उसका फ़ज़्ल माँगो, बेशक अल्लाह हर चीज़ का जानकार है।" {अन्निसाः ३२}

और अबू ज़र ग़िफ़ारी ﷺ रिवायत करते हैं कि नबी ﷺ ने अपने रब तआ़ला से बयान किया कि रब ने फ़रमायाः

«يَا عِبَادِي! إِنِّي حَرَّمْتُ الظُّلْمَ عَلَى نَفْسِي، وَجَعَلْتُهُ بَيْنَكُمْ مُحَرَّمًا، فَلاَ تَظَالَمُوا، يَا عِبَادِي! كُلُّكُمْ ضَالٌّ إِلاَّ مَنْ هَدَيْتُهُ، فَاسْتَهْدُونِي أَهْدِكُمْ، يَا عِبَادِي! كُلُّكُمْ جَائِعٌ إِلاَّ مَنْ أَطْعَمْتُهُ، فَاسْتَطْعِمُونِي أُطْعِمْكُمْ، يَا عِبَادِي! كُلُّكُمْ عَارٍ إِلاَّ مَنْ كَسَوْتُهُ، فَاسْتَكْسُونِي أَكْسُكُمْ...» [رواه مسلم: ٢٦٦٠]

"ऐ मेरे बंदो! मैं ने अपने नफ़्स पर ज़ुल्म को हराम क़रार दिया है, और मैं ने उसे तुम्हारे दरमियान भी हराम किया है, लिहाज़ा तुम एक दूसरे पर ज़ुल्म मत करो। ऐ मेरे बंदो! तुम सब गुमराह हो सिवाय उनके जिन्हें मैं हिदायत से नवाज़ दूँ, चुनांचि तुम मुझ से हिदायत तलब करो, मैं तुम्हें हिदायत दूँगा। ऐ मेरे बंदो! तुम सब भूके

हो सिवाय उनके जिनको मैं खाना अ़ता कर दूँ, लिहाज़ा तुम मुझ ही से खाना माँगो, मैं तुम्हें खिलाऊँगा। ऐ मेरे बंदो! तुम सब बरहना (नंगे) हो सिवाय उनके जिनको मैं पोशाक पहना दूँ, तो तुम मुझ ही से पोशाक माँगो, मैं तुम्हें पहनाऊँगा --।" {मुस्लिमः २६६०}

सईद बिन अ़ब्दुल अ़ज़ीज़ रहिमहुल्लाह फ़रमाते हैंः अबू इदरीस ख़ौलानी जब यह हदीस बयान करते तो अपने दोनों ज़ानों के बल बैठ जाते।

और अबू हुरैरा ﵁ से रिवायत है, उन्हों ने कहाः रसूलुल्लाह ﷺ ने फ़रमायाः

«إِنَّهُ مَنْ لَمْ يَسْأَلِ اللَّهَ يَغْضَبْ عَلَيْهِ». [الترمذي: ٣٦٥٧، وابن ماجه: ٣٨٥٣]

"जो अल्लाह तआ़ला से नहीं माँगता अल्लाह उस पर गुस्सा हो जाता है।" {तिर्मिज़ीः ३६५७, इब्नु माजाः ३८५३}

बाज़ अहले इल्म ने इस हदीस को मज़बूत (शक्तिशाली) कहा है, (मगर हक़ीक़त यह है कि) इस हदीस में ज़ा'फ़ (कमज़ोरी तथा दूर्बलता) है। लेकिन किताब व सुन्नत की दीगर दलीलें इसके मा'ना (अर्थ) की गहावी देती हैं। पस वह शख़्स जो अल्लाह तआ़ला से सिरे से माँगता ही नहीं, यहाँ तक कि अपने ख़ास कामों के लिए भी नहीं, तो बेशक अल्लाह उस पर नाराज़ और गुस्सा होता है, क्योंकि उस ने अल्लाह को अपना रब और इलाह (माबूद) नहीं ठहराया।

दुआ़ की बाज़ क़िस्में वाजिब हैं, जैसेः अल्लाह तआ़ला से हिदायत तलब करना। क्योंकि अल्लाह ने तालीम दी कि बंदा यूँ कहेः

﴿ ٱهۡدِنَا ٱلصِّرَٰطَ ٱلۡمُسۡتَقِيمَ ﴾ [الفاتحة: ٦]

“हमें सीधी (और सच्ची) राह दिखा।” और अल्लाह तआ़ला से मग़फ़िरत तलब करना जैसे दो सज्दों के दरमियान की दुआ़ये मग़फ़िरत।

और बाज़ शायरों ने इस मफ़हूम को अपने शे‘र में कुछ यूँ पिरोया है:

اللَّهُ يَغْضَبُ إِنْ تَرَكْتَ سُؤَالَهُ   وَبُنَيَّ آدَمَ حِينَ يُسْأَلُ يَغْضَبُ

(العزالة للخطابي: (٥٨) وهي للخُزيمي)

यानी अल्लाह नाराज़ होता है अगर आप उस से माँगना छोड़ दें, और बनी आदम का हाल यह है कि जब उस से माँगा जाता है तो वह नाराज़ हो जाता है।

9

जिस तरह कुरआन व हदीस की दलीलें इस बात पर दलालत करती हैं कि जिन चीज़ों के करने पर सिवाय अल्लाह के कोई क़ादिर नहीं है, वह चीज़ें ग़ैरुल्लाह से माँगना भी नाजायज़ और हराम है, ठीक इसी तरह इस पर इंसानी फ़ितरत (मानव प्रकृति) भी दलालत करती है। क्योंकि अल्लाह तआ़ला ने बंदों को इस फ़ितरत पर पैदा फ़रमाया है कि वे कठिनाई तथा परेशानी के वक़्त और सख़्ती तथा मुसीबत की हालत में उसी की तरफ़ रुजू करें और उसी से माँगें। और इस विषय में कोई भेदाभेद नहीं है यानी इस में मुस्लिम और ग़ैर मुस्लिम दोनों बराबर हैं। जैसाकि अल्लाह तआ़ला ने मुशरिकीन के बारे में फ़रमायाः

﴿هُوَ ٱلَّذِى يُسَيِّرُكُمْ فِى ٱلْبَرِّ وَٱلْبَحْرِ ۖ حَتَّىٰٓ إِذَا كُنتُمْ فِى ٱلْفُلْكِ وَجَرَيْنَ بِهِم بِرِيحٍ طَيِّبَةٍ وَفَرِحُوا۟ بِهَا جَآءَتْهَا رِيحٌ عَاصِفٌ وَجَآءَهُمُ ٱلْمَوْجُ مِن كُلِّ مَكَانٍ وَظَنُّوٓا۟ أَنَّهُمْ أُحِيطَ بِهِمْ ۙ دَعَوُا۟ ٱللَّهَ مُخْلِصِينَ لَهُ ٱلدِّينَ لَئِنْ أَنجَيْتَنَا مِنْ هَـٰذِهِۦ لَنَكُونَنَّ مِنَ ٱلشَّـٰكِرِينَ﴾ [يونس: ٢٢]

“वह (अल्लाह) ऐसा है जो तुम्हें थल और जल (ख़ुशकी और समंदरों) में चलाता है, यहाँ तक कि जब तुम कश्ती में होते हो, और वह कश्तीयाँ लोगों को मुवाफ़िक़ हवा के ज़रीये लेकर चलती है, और वह लोग उन से ख़ुश होते हैं, उन पर एक तूफ़ानी हवा का झोंका आता है और हर तरफ़ से लहरें उठती हैं और वह समझते हैं कि

(बुरे) आ घिरे, (उस वक़्त) सभी ख़ालिस ईमान और अ़क़ीदा के साथ अल्लाह ही को पुकारते हैं कि अगर तू इस से बचा ले तो हम ज़रूर (तेरे) शुक्र गुज़ार बन जायेंगे।" {यूनुसः २२}

और एक दूसरी जगह अल्लाह तआ़ला ने उन्ही मुशरिकीन के बारे में फ़रमायाः

﴿وَإِذَا مَسَّكُمُ ٱلضُّرُّ فِى ٱلْبَحْرِ ضَلَّ مَن تَدْعُونَ إِلَّآ إِيَّاهُ فَلَمَّا نَجَّىٰكُمْ إِلَى ٱلْبَرِّ أَعْرَضْتُمْ وَكَانَ ٱلْإِنسَٰنُ كَفُورًا﴾ [الإسراء: ٦٧]

"और समंदर में मुसीबत पहुँचते ही जिन्हें तुम पुकारते थे सब गुम हो जाते हैं, सिर्फ़ वही (अल्लाह) बाक़ी रह जाता है, फिर जब वह तुम्हें ख़ुश्की की तरफ़ महफ़ूज़ ले आता है तो तुम मुँह फेर लेते हो, इंसान बहुत ही नाशुक्रा है।" {अल्इस्राः ६७}

इंसान तो इंसान हैवानात भी फ़ितरी तौर पर अपने रब और ख़ालिक़ की ओर रुजू करते हैं। अल्लाह तआ़ला ने सुलैमान عليه السلام के हुदहुद (परिंदे) के बारे में फ़रमायाः

﴿فَمَكَثَ غَيْرَ بَعِيدٍ فَقَالَ أَحَطتُ بِمَا لَمْ تُحِطْ بِهِۦ وَجِئْتُكَ مِن سَبَإٍۭ بِنَبَإٍ يَقِينٍ ﴿٢٢﴾ إِنِّى وَجَدتُّ ٱمْرَأَةً تَمْلِكُهُمْ وَأُوتِيَتْ مِن كُلِّ شَىْءٍ وَلَهَا عَرْشٌ عَظِيمٌ ﴿٢٣﴾ وَجَدتُّهَا وَقَوْمَهَا يَسْجُدُونَ لِلشَّمْسِ مِن دُونِ ٱللَّهِ وَزَيَّنَ لَهُمُ ٱلشَّيْطَٰنُ أَعْمَٰلَهُمْ فَصَدَّهُمْ عَنِ ٱلسَّبِيلِ فَهُمْ لَا يَهْتَدُونَ﴾ [النمل: ٢٢-٢٤]

"कुछ ज़्यादा वक़्त नहीं बीता था कि (आ कर) उस ने कहाः मैं ऐसी चीज़ की ख़बर लाया हूँ कि तुझे उसकी ख़बर ही नहीं, मैं सबा की एक सच्ची ख़बर तेरे पास लाया हूँ। मैं ने देखा कि उनकी

बादशाहत एक औ़रत कर रही है, जिसे हर तरह की चीज़ से कुछ न कुछ अ़ता किया गया है और उसका सिंहासन भी बड़ा अ़ज़ीम है। मैं ने उसे और उसकी क़ौम को अल्लाह को छोड़ कर सूरज को सज्दा करते हुये पाया, शैतान ने उनके काम उन्हें भले करके दिखा कर सच्चे रास्ते से रोक दिया है, इस लिए व हिदायत पर नहीं आते।" {अन्नमूलः २२-२४}

पस ग़ौर कीजिये कि इस परिंदे ने ग़ैरुल्लाह से लौ लगाने और उसकी तरफ़ रुजू करने वालों का कैसे इंकार तथा खंडन किया। और ऐसा इसी सबब से कि यह एक फ़ितरत है जिस पर अल्लाह तआ़ला ने तमाम मख़लूक़ात को -चाहे वह इंसान हो जिन्नात, बोलने वाला हो या न बोलने वाला सबको- पैदा फ़रमाया।

10

जिस तरह शरीअ़त और फ़ितरत इस पर दलालत करती हैं, उसी तरह अ़क़्ल भी दलालत करती है जैसाकि बात गुज़र चुकी है। पस इंसान अपनी अ़क़्ल से जानता है कि यह पुकारे जाने वाले भी मख़लूक़ और बशर होने में उसी के मिस्ल हैं। फिर अल्लाह को छोड़ कर उन से मदद माँगना, उन से इल्तिजा करना, उन से शिफ़ा तथा रिज़्क़ वग़ैरा तलब करना क्योंकर जायज़ हो सकता है। अल्लाह तआ़ला ने अपने नबी मुहम्मद ﷺ के बारे में फ़रमायाः

﴿قُلْ إِنَّمَآ أَنَا۠ بَشَرٌ مِّثْلُكُمْ يُوحَىٰٓ إِلَيَّ أَنَّمَآ إِلَٰهُكُمْ إِلَٰهٌ وَٰحِدٌ ۖ فَمَن كَانَ يَرْجُوا۟ لِقَآءَ رَبِّهِۦ فَلْيَعْمَلْ عَمَلًا صَٰلِحًا وَلَا يُشْرِكْ بِعِبَادَةِ رَبِّهِۦٓ أَحَدًۢا﴾ [الكهف: ١١٠]

“आप कह दीजिये कि मैं तो तुम जैसा ही एक इंसान हूँ, (हाँ) मेरी तरफ़ वह्य की जाती है कि सब का माबूद सिर्फ़ एक ही माबूद है, तो जिसे भी अपने रब से मिलने की उम्मीद हो उसे चाहिये कि नेकी के काम करे और अपने रब की इबादत में किसी को भी शरीक न करे।” {अल्कह्फ़ः ११०}

और एक दूसरी जगह इरशाद फ़रमायाः

﴿قَالَتْ لَهُمْ رُسُلُهُمْ إِن نَّحْنُ إِلَّا بَشَرٌ مِّثْلُكُمْ وَلَٰكِنَّ ٱللَّهَ يَمُنُّ عَلَىٰ مَن يَشَآءُ مِنْ عِبَادِهِۦ ۖ وَمَا كَانَ لَنَآ أَن نَّأْتِيَكُم بِسُلْطَٰنٍ إِلَّا بِإِذْنِ ٱللَّهِ ۚ وَعَلَى ٱللَّهِ فَلْيَتَوَكَّلِ ٱلْمُؤْمِنُونَ﴾ [إبراهيم: ١١]

''उनके पैग़म्बरों ने उन से कहा कि यह तो सच है कि हम तुम जैसे इंसान हैं, लेकिन अल्लाह अपने बंदों में से जिस पर चाहता है अपनी कृपा करता है, अल्लाह के हुक्म के बिना हमारी ताक़त नहीं कि हम कोई मोजिज़ा तुम्हें ला दिखायें, और ईमान वालों को केवल अल्लाह पर भरोसा रखना चाहिये।'' {इब्राहीमः ११}

और एक दूसरे मक़ाम पर फ़रमायाः

﴿ إِنَّ ٱلَّذِينَ تَدۡعُونَ مِن دُونِ ٱللَّهِ عِبَادٌ أَمۡثَالُكُمۡۖ فَٱدۡعُوهُمۡ فَلۡيَسۡتَجِيبُواْ لَكُمۡ إِن كُنتُمۡ صَٰدِقِينَ ﴾[الأعراف: ١٩٤]

''हक़ीक़त में तुम अल्लाह को छोड़ कर जिनको पुकारते (इबादत करते) हो वह भी तुम ही जैसे बंदे हैं, तो तुम उनको पुकारो, फिर उनको चाहिये कि वह तुम्हारा कहना कर दें, अगर तुम सच्चे हो।'' {अल्आराफ़ः १६४}

यहाँ तक कि वह चीज़ें बंदे जिनके करने पर क़ादिर और सक्षम हैं उन में भी मख़लूक़ को छोड़ कर ख़ालिक़ ही से माँगना और सवाल करना चाहिये। मगर अफ़सोस कि बाज़ लोग जब बीमारी के शिकार होते हैं तो झाड़ फूँक करने वाले के पास जाते हैं। हालाँकि उनके लिए उचित यही था कि वे ख़ुद शुरू में अपने ऊपर दम करते। क्योंकि अल्लाह के फ़ज़्ल व करम से हर मुसलमान सूरह फ़ातिहा, नास, फ़लक़, आयतुल कुर्सी और दीगर सूरतें तथा आयतें पढ़ कर अपने ऊपर दम करने पर क़ादिर हैं।

और यह बात पोशीदा नहीं कि इंसान जब ख़ुद अपने ऊपर दम

तथा झाड़ फूँक करेगा तो वह उस में कोशां (प्रयत्न शील) रहेगा, और अल्लाह से गहरा रब्त (संबंध) रखते हुये दिल लगी के साथ पढ़ेगा। और यह क़बूल होने के ज़्यादा क़रीब है। चुनांचि कितने ऐसे शख़्स हैं जिन्हों ने ख़ुद बख़ुद अपने ऊपर दम किये और अल्लाह तआ़ला ने उन्हें शिफ़ा से नवाज़ा।

बल्कि बाज़ ऐसे लोग भी नज़र आते हैं जो अपने नफ़्स के लिए दुआ़ के विषय में भी दूसरों से कहते हैं। हालाँकि हमारे रब का फ़रमान हैः

﴿وَقَالَ رَبُّكُمُ ادْعُونِي أَسْتَجِبْ لَكُمْ﴾ [غافر: ٦٠]

"और तुम्हारे रब का हुक्म (लागू हो चेका) है कि मुझ से दुआ़ करो मैं तुम्हारी दुआ़ओं को क़बूल करूँगा।" {ग़ाफ़िरः ६०}

और एक दूसरी जगह इरशाद हैः

﴿وَإِذَا سَأَلَكَ عِبَادِي عَنِّي فَإِنِّي قَرِيبٌ أُجِيبُ دَعْوَةَ الدَّاعِ إِذَا دَعَانِ فَلْيَسْتَجِيبُوا لِي وَلْيُؤْمِنُوا بِي لَعَلَّهُمْ يَرْشُدُونَ﴾ [البقرة: ١٨٦]

"और जब मेरे बंदे मेरे बारे में आप से सवाल करें तो कह दें कि मैं बहुत क़रीब हूँ, हर पुकारने वाले की पुकार को जब कभी भी वह मुझे पुकारे मैं क़बूल करता हूँ, इस लिए लोगों को भी चाहिये कि वह मेरी बात मानें और मुझ पर ईमान रखें, यही उनकी भलाई का कारण (बाइस) है।" {अल्बक़राः १८६}

अबुल अ़ब्बास अहमद बिन अ़ब्दुल हलीम रहिमहुल्लाह ने फ़रमायाः दुनियावी ज़रूरतें जिनका अंजाम देना ज़रूरी नहीं है, मुलतः किसी

मख़लूक़ से उसका सवाल करना न वाजिब है और न मुस्तहब। बल्कि अल्लाह तआ़ला ही से माँगने, उसी से उम्मीद करने और उसी पर तवक्कुल करने का ही हुक्म है।

बग़ैर किसी सख़्त ज़रूरत के मख़लूक़ से माँगना और उस से सवाल करना अस्ल में हराम है। बल्कि ज़रूरत के वक़्त भी ग़ैरुल्लाह को छोड़ कर अल्लाह पर तवक्कुल करना बेहतर है। अल्लाह तआ़ला ने फ़रमायाः

﴿فَإِذَا فَرَغْتَ فَانْصَبْ ۝٧ وَإِلَىٰ رَبِّكَ فَارْغَبْ﴾ [الشرح: ٧-٨]

"पस जब तू फ़ारिग़ हो तो इबादत में मेहनत कर, और (ग़ैरुल्लाह को छोड़ कर सिर्फ़) अपने रब ही की तरफ़ दिल लगा।" {अश्शर्हः ७-८}

IslamHouse.com

- Hindi.IslamHouse
- @IslamHouseHi
- IslamHouseHi
- https://islamhouse.com/hi/
- IslamHouseHi

For more details visit
www.GuideToIslam.com

contact us : Books@guidetoislam.com

- GuideToIslam.org
- Guidetoislam1
- Guidetoislam
- www.Guidetoislam.com

المكتب التعاوني للدعوة وتوعية الجاليات بالربوة

هاتف : ٩٦٦١١٤٤٥٤٩٠٠+   فاكس : ٩٦٦١١٤٩٧٠١٢٦+   ص ب : ٢٩٤٦٥   الرياض : ١١٤٥٧

ISLAMIC PROPAGATION OFFICE IN RABWAH
P.O.BOX 29465   RIYADH 11457   TEL: +966 11 4454900   FAX: +966 11 4970126

www.ingramcontent.com/pod-product-compliance
Lightning Source LLC
LaVergne TN
LVHW090040080526
838202LV00046B/3891
9787929246634